전원에서 가을을 캐다

조광연 시집

오늘의문학사

전원에서 가을을 캐다

| 시인의 말 |

전원의 삶이 살아 숨 쉬는 시

설레는 마음으로 용기를 내서 시집 한 권 세상에 내놓습니다. 태어나서 책을 내는 것은 이번이 처음입니다. 그만큼 조심스럽기도 합니다.

열여덟 해 전, 많은 사람들이 그러하듯 전원을 그리는 마음으로 이곳 성북골로 들어왔습니다. 뒤로는 빈계산·금수봉·백운봉이 어깨를 나란히 마을을 굽어보고 있는 땅, 아래로는 아름다운 풍광을 자랑하는 아담한 호수, 방동호가 자리한 곳, 광역시라고 하지만 시골 냄새 물씬 풍기는 농촌지역인 이곳에 터 잡아 황토 벽돌로 집 짓고, 꽃 가꾸고 텃밭 농사지으며 아내와 둘이서 알콩달콩 아웅다웅하며 살고 있습니다.

언제였던가, 가슴에서 뭔가가 몽실몽실 피어오르고 있던 중, 나를 이끄는 손길이 있었습니다. 문학을 공부하는 길로 접어들어 여기까지 왔습니다. 늦게 시작한 글 공부입니다. 게으름 피우지 않고 내 마음에 글밭을 곱게 곱게 가꿔나가렵니다. 내 인생의 황혼이 아름답게 익어가도록 노력하렵니다.

2025년 가을 어느 날, 錦谷 조광연

| 목차 |

시인의 말 ·· 5

첫째 마당, 쭉정이가 되어도

잠자는 무를 깨우다 ······························ 13
전원에서 ·· 14
이불을 개다 ··· 16
눈 내리는 날에 ····································· 18
국화 눈 ··· 19
심술꾸러기 ·· 20
아기 마늘 구출작전 ····························· 21
단비에 박수를 ······································ 22
꽃밭에서 ·· 24
샤피니아 ·· 26
비와 바람, 햇살의 돌봄 ······················ 28
가을을 캐다 ··· 29
하얀 공룡알 ··· 30
옥수수 ··· 31
놈피 이삭 ··· 32
옥수수 2 ··· 33
쭉정이가 되어도 ·································· 34
함께 살아가기 ······································ 35

둘째 마당, 별들의 인사

가을 엽서 ········· 39
찬비야 ········· 40
햇살 ········· 41
겨울 달 ········· 42
안부 ········· 44
고개 숙인 사람들 ········· 46
조팝꽃 향기 ········· 47
진달래꽃 ········· 48
쥐똥나무꽃 ········· 49
속살 보이는 방동호 ········· 50
잘 써지지 않는 시 ········· 51
접시를 깨자 ········· 52
별들의 인사 ········· 53
겨울이 길을 잃었나 ········· 54
아담들의 공간 ········· 56
연인을 찾습니다 ········· 58
철부지 ········· 60
시계 ········· 61
꽃다울 방(芳) 호수에 ········· 62
삼월의 눈꽃 ········· 63

셋째 마당,

단풍에 취해 강에 빠지다

갯바위에 앉아 ……………… 67
꺼지지 않는 횃불 ……………… 68
일출 ……………… 69
솔새의 머릿결 ……………… 70
외옹치 바다 향기로를 걸으며 ………… 71
설악 찬가 ……………… 72
영랑호 ……………… 73
가슴이 뚫려 ……………… 74
쏟아지는 별을 가슴으로 ……………… 75
발왕산에서 기(氣)를 ……………… 76
단풍에 취해 강에 빠지다 ……………… 77
걸어서 생태 천국 ……………… 78
해亥의 미소 ……………… 80
불꽃비 ……………… 81
청풍호 뱃길 따라 ……………… 82
의림지 노송 ……………… 84
골짝마다 골목마다 ……………… 85
혼자 걷는 길 ……………… 86
간이역 ……………… 88
달꽃 ……………… 90
구경정(九庚亭)에 오르니 ……………… 92

넷째 마당,
한탄강, 그래도 강은 흐른다

태극기 가슴에 안아 ···················· 95
내 마음의 영웅에게 ···················· 96
기도 ·· 98
우한 폐렴인지 코로난지 ············ 101
감사하는 마음으로 ···················· 102
발자취를 따라서 ························ 104
물난리 중에 드리는 기도 ············ 106
한탄강, 그래도 강은 흐른다 ······· 108
함성 지르며 울부짖는 태극기 ······ 110
십이 삼 항쟁의 불길 ···················· 112
그래도 꽃은 피네 ······················ 115
온 나라를 덮다 ·························· 116
바다의 별이 되어 ······················ 118
빈칸 ·· 120
그때 그리고 지금 ······················ 122

| 시집 해설 _ 리헌석 | ···················· 124
자연에서 배우고 역사에서 되새기다

전원에서 가을을 캐다

첫째 마당
쭉정이가 되어도

잠자는 무를 깨우다

겨울잠 자는 무를 깨우러
밭에 나가보니
이불은 돌이 되고
바위가 되었습니다

이불을 걷어야 합니다
삽으로는 어림도 없어
곡괭이로 흙바위를 쪼갭니다

무포대가 보입니다.
무들이 더 자고 싶다고 투정을 부려
달래가며 포대를 조심조심 꺼냅니다

사랑스런 내 아이는
밀폐된 어둠속에 갇혀있어도
절망하지도 포기하지도 않고

제 몸 온 기운 끌어 모아
노란 희망을 싹틔우고 있었습니다.

전원에서

담장을 허물지 않아도
멀리서 산 능선이
아스라이 들어오고,

약사봉이 들어오고
앞산 짙어지는 숲이
손에 잡힐 듯

산자락과
매실나무 밭 배나무 밭
수천 평이 나의 정원이 되었다

참깨 밭 수백 평도 함께 들어와
금세 부자가 되었다
물까치 날아 와 노닐다 가고
참새들 마실 와 종종거린다

비가 오는가,
창문을 여니
속살거리며 들어오는 빗소리에
내 마음 평온해져

〉
빗소리 들으며
막걸리 한 잔 할거나.

이불을 개다

이슬비 등에 업혀 오는
봄이 보입니다

잠에서 깨어나
기지개를 켭니다

마늘밭에 덮어 주었던
이불을 두르르 말아 걷어줍니다
얘들아 봄이다
기다리던 봄이 왔다

겨울잠 자면서도
싹을 밀어 올리고 뿌리를 내리느라
배고팠을
아이들에게 먹이를 줍니다

겨우내 소홀했던
텃밭에 정을 주렵니다
모진 추위 이겨내고

피어오르는
모든 것에 사랑을 주렵니다.

눈 내리는 날에

고요하니
누군가가 그립다
사립문을 열고
들어올 것만 같다

창밖을 내다보며
함박눈 마주하고
김치부침개에
막걸리 한 잔

내 가슴에도
눈송이는 쌓이고
막걸리 잔에 살포시 내려앉는
겨울의 적막

산촌의 겨울은
외로울수록 쫀득하다.

국화 눈

묶은 대궁 정리하니
숨어 있던 연둣빛 국화 눈이
반짝이며 반깁니다

보이지 않는 곳에서 소리 없이
싹을 틔우고 있었네요.

찬 서리 가을까지 긴 여정을 준비하려
일찍 깨어났나 봅니다

바윗장 같이 얼어붙은 땅 밑 어둠속에서
추위를 참아가며 싹을 틔우려
안간힘을 썼을 생명의 끈

국화에게서
기다림과 인내를 배웁니다.

심술꾸러기

봄소식 업고 온
빗소리에
개구리가 잠에서 깨어나고

산수유 꽃망울
팝콘처럼 터지네
양지쪽 매화 피어
벌나비 노니는데

꽃샘추위
무슨 미련 남았는지
찬바람 몰고 와 기온이 곤두박질

오랜 세월
인간 세상과 함께하여
시기·질투 속성을
배웠구나

이제 조용히 물러나 있다가
오는 겨울에 다시 만나자.

아기 마늘 구출작전

겨우내 덮고 있던
이불을 걷어 내니
아기 마늘이
풀 속에서 기지개를 켜며
연두색 얼굴로 인사를 하네요

마늘 올라오는 구멍구멍마다
풀이 한가득,

고개를 들지 못하는 아이,
덮개 들춰 일으켜 주니
긴 숨을 내쉽니다

아기 마늘 다칠세라
점령군을 하나하나 물리치니
만세를 부릅니다

하지 때 씨알 굵은 새끼 생각에
가슴이 띕니다.

단비에 박수를

흙먼지 풀풀 날리며
산야가 힘들다 아우성이고

갈증을 참아 왔던
대지가 하늘을 올려다보며
외친다

이제야
들었는가
아침부터 비가 내린다

긴 가뭄을 견딘 대지가 대견스러워
하늘이 비를 내려주니

마늘, 양파, 부추가
만세 부르고
산수유, 매화가
꿀물인 양 받아 마신다

봄 단비 맞을 채비에
농부는 종종걸음

〉
대지가 촉촉이 젖어
생기를 되찾고
봄비를 반긴다.

꽃밭에서

가꾸지도 돌보지도 못한 사이
꽃은
피고 지고,

풀 속에 갇힌 꽃나무들
목을 빼고
주인 손길 기다리네

땀 흘리고 옷 적셔가며
풀들을 뽑아주니

분홍 영산홍, 하얀 영산홍
환하게 웃어주고

죽은 줄 알았던 잔디패랭이
구석에서 배시시,
함박꽃 봉오리
봉긋이 올라 와 인사하네
〉

꽃모종 한 아름 들여와
꽃밭을 꽃밭답게
예쁘게 가꿔야지.

샤피니아

고맙다 샤피니아
예쁘다 샤피니아
여름꽃 샤피니아
아직도 피어있네

빨간색 분홍색
흰색인 듯
생김새는 나팔꽃
이쁘기도 하여라

강추위에 시릴세라
눈보라에 떨세라

샤피니아 구남매
얼른얼른 들여와
데크에 앉혔네
나란히 앉혔네

아스테지 바람막이
꽃들이 방긋 방긋
〉

오! 샤피니아
니들과 함께 있어 이 겨울
행복하구나.

비와 바람, 햇살의 돌봄

장마가 잠시 숨 고르기 하는 사이
맑은 햇살 내려와
세찬 비에 시달렸을
남새밭과 꽃밭을 어루만지며
젖은 옷을 말려줍니다

비와 바람과 햇살의 돌봄으로
꽃밭, 남새밭 식구들
부지런히 자라서
꽃을 피워내고
열매를 맺습니다

주인은 고운 눈빛으로
고마운 마음으로 바라봅니다

매미가 숲에서
발성 연습을 길게 합니다

조용히 앉아 계절의 청년,
여름을 만나고 있습니다.

가을을 캐다

고구마를 캐고 토란을 캔다.
파란 하늘이 흰 구름을 데리고 와
농사를 잘 지었는지 살펴본다

고구마 농사는 낙제점을 주는 것이 아닐까
굼벵이 갉아먹고
몸통에서 싹이 나와 자라고 있다

토란은 많이도 달려 알토란이다
그런대로 점수를 잘 받을 것 같다

옆에서 지켜보던 태극기가
펄럭펄럭 박수를 보내준다
'그래 그만하면 됐어!'
'잘했어!'

내일도 가을을 캐러 가야지.

하얀 공룡알*

외계인이 떨구고 간 공룡알인가
여기저기 들녘을 지키고 있다

혼자서는 외로워서
쌍둥이들을 불러 모았나
옆자리 친구들이 잠들면 심심할까,
별들이 내려와 도란도란 이야기 나누고

밤바람 차가워도 그 자리에 그대로
눈이 오면 눈 맞고 비가 오면 오는 대로

빈 들녘을 지키고 있는
공룡알은 파수꾼인가

잘 지키고 있으니
논주인 마음 놓고 단잠에 빠지나 보다
공룡알이 깨어 송아지로 나오니
그 큰 눈망울이 서럽다.

* 곤포(梱包)사일리지, 일명 공룡알이라 부름 : 볏짚을 동그랗게 말아 흰 비닐로 감아 보관했다가 소 먹이로 사용함.

옥수수

한 꺼풀 한 꺼풀
옷을 벗기니
알록달록한 알몸,

살냄새 맡으며
하모니카를 부니

지난여름의
햇살과 바람과 빗소리가
함께 소리를 낸다.

놈피* 이삭

듬성듬성 서 있는
놈피 몇 놈 뽑아 안으니
어른에게 버림받고
훌쩍이던 아이들이 와락 안겨온다

너희들도 훌륭한
아이들이라고
토닥여준다

칭찬만큼 좋은 보약은 없다

열등감에 빠져있던 아이들
피어나는 얼굴처럼
혀끝에서 살아 오르는
이 화려한 단맛

세상에서
처음부터 못난 아이는 없다
어른들이 무심히 만들어갈 뿐이다.

* 놈피, 제주도 방언으로 무를 이르는 말.

옥수수 2

장대 같은 큰 키 정수리에
구름을 쓸어낼 듯
빗자루 같은 꽃을 피워내니
벌들이 몰려와 윙윙거리고

수염 달린 방망이
두어 개씩 옆구리에 차고
당당하게 서서
고추 가지 상추 쑥갓을 자애로운
눈으로 내려다보고 있네

바람이 불면
잎줄기 서걱거리는 소리
아름다운 음악이 되고
비가 내리니
타악기 되어 장엄한 곡을 연주하네

방망이 알이 알알이 영글면
나 스스로 물러나리니
내 그늘에 가리더라도
조금만 기다리거라.

쭉정이가 되어도

혼자서는
외로울까
밤이 무서울까

한 몸에서 나온 형제,
아우를 위해
모든 기운 올려보내는 형
올라오는 힘을 몰아주며 지켜준다

동생 하나라도 잘되기를 바라는
형의 마음
쭉정이가 되어도 좋으니
너라도 잘되어 대를 잇게 하라

각박한 세상,
옥수수에게
양보와 배려를 배운다.

함께 살아가기

하늘마
마디마디
멋스런 나비넥타이 하나씩 달고

여주꽃 노랗게 핀 자리
오돌토돌 열매 맺어,

그 사이에서 나팔꽃
환하게 웃네

어디까지 오르려나
줄 타고 사이좋게 올라가는
여주 그리고 하늘마

다투지 않고 제 할 일 해가며
함께 살아가는
그 모습 아름다워.

전원에서 가을을 캐다

둘째 마당

별들의 인사

가을 엽서

가을이 곱게 내려앉는다
오색 단풍이 저마다
고운 빛으로
가을을 어루만진다

먼저 도착한 갈색 엽서
맨몸인 나무들이 추울세라
이불이 되어 준다

막 도착한 노란 빛 엽서가 묻는다
가을걷이는 잘하고 있냐

동장군 맞을 채비는 언제 하냐고
지금 내리는 붉은 빛 엽서가 묻는다
나는 대답한다
소복하게 내리는 하얀 눈을
기다린다

촉촉한 가슴을 한 가득 안고
가을과 말동무하며 숲길을 걷는다.

찬비야

찬비가 가을 새벽을 깨운다
그만 떠나라
등짝을 때리며
어서 떠나라고 성화다

찬비야
재촉하지 말거라
찬비야 그만 내려라
갈색 이불 다 젖는다

가을이 더 머물고 싶어
사랑을 더 느끼고 싶어
머뭇거린다

가을과 좀 더 있고 싶으니
재촉하지 말거라
갈 때 되면 어련히 가랴.

햇살

햇살이 찬란히 빛난다
눈이 부시도록

입춘의 아침에
만나는 햇살은
더 따뜻하고 포근하게 다가온다

어느새
봄 냄새가 살랑살랑
바람을 타고 내 안으로 스며든다

땅속에서 꿈틀거리는 소리
두런두런 속삭이는 소리

아~ 봄을 기다리는 이 가슴속에
이미 봄은 들어와 있구나.

겨울 달

동짓달 열이틀
대설大雪이 저만큼
밤하늘
창공에 홀로 떠 있는 달

춥고 외롭기도 하련만
휘영청 대지를 비추며
환하게 웃고 있다

외투 벗어 걸쳐 줄까
이불 하나 보내 줄까

의연하고 씩씩한 달
내가 지키고 있으니
맘 놓고 꿀잠을 자란다

춥다고 종종걸음
모두들 집으로 숨는다
대지를 홀로 비추고 있는 달
그 모습이 고고하다
〉

겨울 달 외롭고
내 코끝 매섭다.

안부

깊은 침묵에 잠긴 방동호
모든 것이 얼어붙은 정적 속에서,
물새들 쉴 곳 없이 다 얼었으면 어쩌나
걱정이 됩니다
겨울 손님 안부가 궁금합니다

얼지 않은 남쪽나라로 떠난 것은 아닌지
호수를 꽁꽁 얼린 동장군이 무섭습니다

북극 상공에 갇혀 있는 찬 공기 벨트가
지구온난화의 손길에 풀려
한반도를 덮치고 있습니다

아! 저만큼에 멍석 만하게 얼지 않은 곳이
조그만 섬처럼 위태롭게 떠 있습니다
청둥오리 가족들이 바짝 줄어든 삶의 공간에서
옹기종기 모여 헤엄치고 있습니다

아! 다행이다 너희들 여기에 있었구나
잃었던 가족을 만난 것처럼 반가웠습니다
오리들의 자유가 꼬리를 물고 따라갑니다

〉
방동호야! 입 앙다물고 버티거라
간절한 나의 소망이
눈보라 속에서 반짝입니다.

고개 숙인 사람들

무슨 잘못 그리 많아
고개 숙여 반성할까

지하철에서, 버스에서
손전화 사랑에 빠진 사람들 생각하며

가방 속에서 답답하다 보채는
시집 한 권 꺼내 들고
숲으로 들어간다

나도, 고개 숙인 사람

요즘 내 시의 밭에는
아름다운 새싹이 돋지 않는다

단풍 곱게 물든 자연 속에서
시 밭을 일구다가 돌아가야지.

조팝꽃 향기

사랑하는 사람과
조팝꽃 환한 길을 가다가
시들했던 사랑이
꽃처럼 피어오르는 것을 느꼈지

꽃으로 화관 만들어
그녀의 머리에 올려주니
소녀처럼 좋아하네

코끝을 맴도는 진한 향기는
더욱 달콤해지는 사랑의 향기

조팝꽃 향기 곱게 모아서
당신 가슴에 달아주고 싶어라.

진달래꽃

꽃잎에 내려앉은 안개가
무거웠을까

세찬 봄바람을
못 견딘 건가

꽃샘추위에 업혀 온
서리에 맞은 걸까

온종일 내리는 비에
버틸 힘이 없었던가

떨어진 꽃잎은
고운 빛깔 그대론데

다른 꽃들에게
자리 내어 주는
그 마음이 더 곱다.

쥐똥나무꽃

누가 나보고 키가 작다고 했는가
내버려 둬라
나도 키가 큰다

누가 나보고 볼품없다 했는가
내버려 둬라
수형(樹形)도 좋아
가지 예쁘게 늘어뜨려
멋진 모습일 거다

누가 내 꽃이 조그맣다,
못생겼다 했는가
다른 꽃들을 돋보이게 하려는 것,

향기는 장미보다, 국화보다
진하다.

속살 보이는 방동호

봄 가뭄에 호수가
허리를 드러냅니다
아랫도리까지 다 보입니다

호수가 거느린 식솔
논, 밭, 실개천 들판 모두
푸석 푸석한 제 속살
아낌없이 보여줍니다

새봄이 와서
생명은 한창 날아오르려 하는데
어제도 오늘도
계속 쏟아지는 불볕

삽을 들고 말뚝처럼 서서 바라보는
내 머리 위에
구름 그림자 하나 걸리지 않습니다.

잘 써지지 않는 시

감성의 밭이 가물어서일까
마음이 가난해서일까

나올 듯 나올 듯 써지지 않는 시

누구는 시가 쉽게 써진다고
고백했는데

식량 떨어진 집의 아낙 같은 마음이니
고뇌하는 가슴이 작아서일까
성찰하는 마음이 부족해서일까

감성의 물을 길어와
마른 가슴 자주 적셔주리라.

접시를 깨자

접시를 깨자
반가운 얼굴로 만나
재미있는 이야기 주고받으며
접시를 깨자
찻잔 마주하고 접시를 깨자

여인네들의 수다라 해도 좋다
남편 흉보고, 자식 자랑하며 접시를 깨자

어머니 세대, 할머니 세대에서
깨지 못한 접시 그 몫까지 깨자
깨면서 살자

누가 더 많이 깨는지 세어보자
접시 깨는 소리만큼 스트레스 날아가고
정신건강 좋아진다.

별들의 인사

주섬주섬 짐을 챙기는
토 선생에겐 잘 가라고,

날개를 접는
푸르미르에는
어서 오라 반갑다 인사합니다

섣달그믐날 밤,
별들은 빛을 아끼지 않고
토 선생에게, 푸른 용에게
마음껏 비춰줍니다

가는 아쉬움에
오는 반가움에
등 하나 밝혀둡니다

열두 해 지나면 토 선생 다시 오겠지요
이번에는 천천히
아주 천천히 오소서.

겨울이 길을 잃었나

밤새 겨울비 내려
들녘 논마다 물이 가득,
모내기를 할거나

빈계산 금수봉, 백운봉에서
흐르고 흘러
방동호에 이르니
방동호가 넘실 넘실

기후변화 심술에
겨울이 길을 잃었나
눈은 아니 오고 온종일, 밤새도록
세찬 비가 여름 장맛비처럼 내리니
'큰 개울가 산책로 접근을 삼가라'
경고 문자 날아들고

가을인지 겨울인지 봄으로 가는 건지
널뛰기 기온에 겨울이 어쩔 줄 몰라한다
지구 온난화,
인류가 만든 업보인가
〉

기후변화의 심술 앞에
우리가 할 수 있는 일은 무엇일까?

아담들의 공간

권세도 지위도, 가진 것
모두 벗어버리고
오직 세월의 흔적만 가지고
들어온 태초의 아담들,

언제부터 진화를 시작했을까
잉태 초기의 모습들
더 많은 만삭의 아담들

나도 잉태한 아담이 되어
쏟아지는 물줄기에
근심 걱정 다 씻어버리고
일렁이는 물에 몸을 담그니
이보다 더 편안할 수가

용솟음쳐 올라오는 물길이 온몸을 휘감고,
이슬비 내리는 사십팔 도의 습지로 들어선다

비가 내려도, 땀을 흘려도
젖을 옷이 없어서 좋고
가진 것이 없어 편하다

〉
세월이 지나간 흔적만 다를 뿐,
잉태기간만 다를 뿐
모두가 평등한 아담들의 공간.

연인을 찾습니다

카페에 들러 책을 펼칩니다
뒤 따라 온
안개가 옆자리를 기웃거립니다

시집 속에서
연인을 찾고 있습니다
어디에 숨었는지 보이지 않습니다

연인을 만날 때까지 책 속에
둥지를 틀어야겠습니다

많은 고뇌가
그를 만나게 해 주기를,
글밭을 열심히 갈다보면
만날 수 있겠지요

카페라떼 하트가
속삭입니다
〉

연인을 애타게 찾는
YOLD Man!

당신, 멋져!!

철부지

철이 지났다
한참 지났다

떠날 줄 알아야지
눈치가 없는 건지
어쩌자고 버티는가

많은 사람 힘들어해
밭작물 타들어 가

펄펄 끓는 철부지
너 대단한 것 알았으니
그만 물러가라,

철을 모르고,
앉을 자리 누울 자리 모르고
떠날 때를 모르고
버틴 적은 없었는지….

시계

누가 쫓아오는 것도 아니고
누가 내모는 것도 아니건만
왜 이리 바삐 돌아가는지

나의 시계는
백 미터 달리기 선수,
시간을 늘려 쓸 수는 없을까

살아온 날보다
살아갈 날이
너무 적어 보여선가

연세보다 젊어 보인다고 하는 이에게
"바쁘게 살다 보니
늙을 시간이 없었다"
라며 웃는다

어제도 오늘도 내일도
열심히 살아가는
내 인생의 그릇에
아름다운 꽃 하나 피우고 싶다.

꽃다울 방(芳) 호수에

꽃다울 방, 아담한 호수에
산 그림자 일찌감치 내려와
자리 잡고 앉아
호수에서 솟구쳐 오를 불꽃을 기다리네

아름다운 음악이 잔잔한 물결 위에 흐르고
불꽃이 솟구쳐 오르니 탄성 소리 여기저기

이른 아침에는
호수가 뿜어내는 하얀 입김이
몽환상태에 이르게 하고
낮에는 반짝이는 물비늘이 눈길을 끄네

어둠의 이불이 호수를 덮으면
호수는 잠들고

색조화장 자랑하는 윤슬의 거리
반짝반짝, 사랑하는 사람들을 이끄네.

삼월의 눈꽃

겨울이 저만큼 가다가
그냥 가기 아쉬워

밤새도록
눈꽃을 소복하게 쌓아놓았구나

나뭇가지마다
하얀 꽃들이 피어나
그 아름다움을 뽐내고,

소나무 가지,
하얀 겨울을 힘겨워하네

하룻밤 사이에
온 세상이 설국으로 변하니
나, 동화의 세계로 들어서
설녀(雪女)를 만나려 길을 나선다.

전원에서 가을을 캐다

셋째 마당

단풍에 취해 강에 빠지다

갯바위에 앉아

파도가 겹겹이 밀려와
그 머리와 마주하며
하얀 화음으로 노래를 부른다

갯바위와 파도가 반가움에
얼싸안고 내뿜는
하얀 입김이 부서지도록 춤을 춘다

갯바위에 앉아
시 한 수 낚는다

파도 소리 안주 삼아
막걸리 한 잔 기울이며
이 풍광 속에 나를 담근다.

꺼지지 않는 횃불

비가 내려도
바람 불어도
우리 집 파수꾼

횃불 두 개
번쩍번쩍
어둠을 밝히고
밤을 지키니

집주인 마음 놓고
단잠에 빠진다.

일출

밤새도록 품고 있던 불덩어리
한순간 밀어 올리는 거대한 가슴

이글거리는
불덩어리를 바라보니
눈이 데일 듯 뜨거운 숨결이 느껴진다

서귀포 바다는
이 뜨거운 심장을
어떻게 품고 있었을까

금빛 물결 일렁이는
뜨겁고 황홀한 바다여
가슴을 뚫어주는 바다여
그리움과 열정이 교차하는 바다여.

솔새의 머릿결

은빛 머릿결이 바람에 일렁이니
파도가 되어 밀려오고
반짝이는 물비늘이
마주보며 화답하네

성산 일출봉이
솔새의 머릿결을 굽어보고
예뻐하며 쓰다듬네

제 몸 기꺼이 내 주어
지붕을 덮게 하고
새끼줄 되어 지붕을 지켜주는 솔새

거센 비, 바람에 순응하여
몸을 누이는 솔새
순리를 따르는 솔새에게서
참을 인(忍)자를 찾는다.

외옹치 바다 향기로를 걸으며

동해 푸른 바다, 먼 수평선에
눈맞춤하고
철썩이는 파돗소리 친구 삼아
바다 향기 맡으며 걷는다

바닷물은 거짓말을 못하니
유리 같은 바다,
속이 다 들여다보여

남에게 속을 드러내 보이기가
어려운 세상
속을 다 보여주는
바다는 바보인가.

설악 찬가

흔들바위,
교만함을 경계하고

울산바위 하늘로 치솟아
가파른 길,
인내심과 끈기를
시험한다

힘차게 굴곡진 장엄한 능선,
연초록빛 산자락에
가슴이 뚫리고

동굴 암자 스님의
목탁소리, 독경소리에
중생의 마음자리 고요해지네.

영랑호

설악산 장엄한 능선이 두 팔로 감싸 안고
커다란 범바위가 호수를 지키고 있다
설악이 품고 있는 비경이다

신라의 화랑 영랑이 호수의 아름다움에 취해
서라벌로 돌아가지 않고 오래 머물렀다 해서
영랑호라 했던가

바다로부터 분가해서 제 살림 차린 영랑호,
그 아름다움이 빼어나 바다가
시샘하지 않았을까

더 많이 찾고 사랑받음에 바다는
으르렁거리고 울부짖었는지 모른다

옛적에는 제 살붙이였음을 바다는 안다
평정을 찾아 넓고 잔잔한 마음으로,
그윽한 눈으로 영랑호를 바라다본다

그래서 바다다.

가슴이 뚫려

어쩌면 이렇게
넓고 맑고 푸를 수가 있을까

하늘은 어찌 저리 파랗고
흰 구름은 어찌 저리 몽골 몽실 아름다울까
불쑥 불쑥 솟아있는 거대한 바위들
신이 빚어내지 않고서야
이런 작품이 나올 수 있을까?

거대한 초원을 바라보니
가슴이 뻥 뚫린다

어느새 나는 끝없이 펼쳐진 몽골 초원을
갈기를 휘날리는 말과 하나 되어
채찍으로 말 엉덩이를 후려치며
마구 달린다

목동들과 마부들과 어울려
막걸리 잔 기울이며
초원에 파묻혀 살고 싶다.

쏟아지는 별을 가슴으로

몽골의 밤,
쏟아지는 별을 담으려고
저마다 카메라 들고
산등성이 오를 때,

나는 잠에 빠져 있었다
꿈속에서 별들이
내 가슴속으로 마구 쏟아졌다
쏟아지는 별들을 한 아름 안고
얼굴을 비벼댔다

산에 오르니
어젯밤 떨어진 별들이
말똥꽃으로 피어나
온통 꽃밭을 이루었다.

발왕산에서 기(氣)를

스카이워크, 하늘 가까이 오르니
아름다운 산하가 한눈에 들어와
나는 잠시 부자가 된다

흰 물감으로
파란 하늘에 그림을 그려놓았다
누가 이토록 아름답고 환상적인 그림을
그려 놓았을까

하늘과 맞닿은 능선
하늘은 하늘대로, 산은 산대로 아름다워라
노란 옷, 붉은 옷으로 갈아입는 산

자연이 주는 기운, 서늘한 바람과
아름다운 풍광, 깨끗한 공기가
세속에 찌든 내 마음과 몸을 정화시킨다

발왕산의 기를 온몸으로 받아들인다
땅에서 올라오는 기와
하늘에서 내려오는 기가
합을 이뤄 스며드니 나, 신선이 된다.

단풍에 취해 강에 빠지다

소양강, 강물은 도도히 흐르고
파란 하늘, 조개구름이
가을을 내려다본다

새들은 가을이 좋아 노래하고
강둑엔 풀꽃들이 손을 흔든다

소양강 처녀는 어디쯤 있을까
얼마를 더 가야 만날 수 있을까

콧노래 흥얼거리다
문득 멈춰 서서 바라보면

강물은 단풍을 배어
온통 타오르고

나도 강물에 풍덩 빠지면
사랑으로 붉게 불붙을거나.

걸어서 생태 천국

큰고니 큰기러기 왜가리가
여기저기 옹기종기
물 위에 떠 있습니다

해 질 무렵, 햇살을 온몸에 받으며
오늘 있었던 일들을
도란도란 이야기하는 듯
'꾸~르~륵' '꾸~르~륵'
'꿰~에~펙' '꿰~에~펙'
수면을 타고 다가옵니다

따오기가
우아하게 날갯짓하며
하늘에서 노닐다가
'따~옥' '따~옥' 인사하며 반깁니다

많은 것을 숨기고 있는 늪을
가만히 들여다봅니다
침묵 속에
꿈틀거리는 생명의 소리 들립니다

우포늪 둘레길 이십오 리,
사지포를 만납니다
나무벌이라 불렸던 목포를 만나고

쪽지벌과 산밖벌을 만납니다

시선이 가 닿는 곳
자연산수화입니다
아름다운 풍광을
눈에 담기에 바쁩니다

담아도 담아도 다 담지 못해
그만 늪에 빠지고 맙니다.

해亥의 미소

코가 베어짐에도 지그시 감은 눈
부처님 눈을 닮았다
날 선 것이 지날 때마다
꼬들꼬들한 살점이 떨어진다

11자에 매달려
부지런히 구멍으로
들어간다
오물오물 꼬들꼬들

살점이 떨어진다
십일 자가 바쁘다
평온한 얼굴에 미소가 피어나고
그 얼굴 여전히 태평하다

해탈한 해亥의 얼굴에
햇살이 내려와 앉으니
얼핏 부처님의 자비인 듯 스친다.

註 시산제 후 술안주로 베어지는 돼지머리를 보고

불꽃비

색색의 화려한 불빛이
장군산을 비추니
선녀가 너울너울 춤을 추는 듯합니다

어둠 속, 화려한 꽃비가 내립니다
수백 개의 낙화봉落火封에서 쏟아지는 꽃비를
소나무 숲에서 고운 연등이
그윽한 눈으로 내려다봅니다

타닥 타다닥
낙화봉이 타들어가는 소리
알게 모르게 지은 죄
나를 꾸짖는 것 같습니다

화려하고 장엄함에
옷깃을 여밉니다

죄를 소멸시키고
복을 기원하는 마음에
합장을 합니다.

청풍호 뱃길 따라

자드락길 옆에 끼고 흐르는 물
그 깊이는 얼마일까
뱃길 따라 골골이 펼쳐지는 비경

기암절벽 위 거북모양 바위
물속에 비치니 거북이 노니는 듯,
구담봉

희고 푸른 기암괴석이 죽순처럼 올라와
거대한 병풍을 두른 듯,
옥순봉

하늘을 찌를 듯
기운차게 치솟는 수경분수

옥순봉 출렁다리
보는 이의 가슴을 출렁이게 하고
복숭아꽃 만발하여
황홀경에 빠지게 하는 도화마을
〉

배는 흰 거품을 토해내며
유유히 미끄러지고
절경에 홀려 넋을 놓고 바라보는 나,
신선이 되다.

의림지 노송

얼마나
사랑했으면
얼마나
가까이 다가가고 싶었으면

하늘을 향하지 않고
호수를 향했을까
호수에 닿을 듯, 닿을 듯
얼굴을 마주했을까

호수도 소나무를 사랑해서
소나무가 뿜어내는 솔향을
품어주나 보다

의림지 노송,
호수에 달빛 어른거리면 달빛 바라보고
산 그림자 비치면 산 그림자 바라보며
긴 세월 호수를 사랑하네.

골짝마다 골목마다

한 번도 가보지 않은 낯선 길
골짝마다 마을마다 골목골목 누빈다
오라는 사람 없고 찾아볼 사람 없는
적막한 골목과 깊어진 골짜기를

시골길 어딜 가도 빈집이 서 있네
집주인은 대문 걸고 산으로 간 건지
등나무 넝쿨이 지붕을 덮고
마당에는 찔레 넝쿨이 한가득

골목길 거닐어도 사람 기척 없어
주차된 차들만 낮잠을 즐기고 있네

지루함을 견디던 개들
낯선 나그네가 반가운 듯
캉캉 짖으며 이리 뛰고 저리 뛰고

버려진 양심들, 골짝마다 졸고 있네
내 동네 내가 가꾼다는
새마을 정신은 바람 되어 흩어졌나.

혼자 걷는 길

달빛이 머문다는
월류봉을 스치고
둘레길에 발길을 얹는다

산들은 고요히 깊은 숨을 쉬고
대숲마저 조용하다
석천(石川)은 말이 없다가도
청아한 속삭임을 흘린다

혼자 걷는 길
자유라는 이름의 날개를 달고
여유라는 구름을 따라 흐른다

먼 산은 얇은 흰옷을 걸치고
겨울을 품에 안아
조용히 다독이고 있다

반야사까지 이어진 먼 길
탁발을 마친 스님처럼
마음의 빈 바랑을 메고

한 걸음 한 걸음
내 안의 나를 마주하며 걷고 또 걷는다.

간이역

달이 머문다는
월류봉 둘레길을 걷고 또 걸어
반야사 부처님 만나 절을 올리고
석천 물줄기 따라 내려온다

산들은 묵언 수행 중이고
대숲 터널도 조용한데
물줄기는 속살거리다 침묵하다
또 속살거리고

삼만 오천여 걸음을 걸어
시골집 같은 간이역에 도착한다
옹기 항아리, 여기저기서 시를 속삭이고
그네 위에 낡은 모자 쓴 나그네가 앉아
귀를 기울인다

동네 사랑방 같은 대합실
한 쪽견 카페 분위기의 공간에
무수한 책들이 꽂혀있고
꽃그림 속엔 벌써 봄이 왔는데
〉

따뜻한 바람이 불어와 돌아보니
온풍기가 돌아가네
역을 지키는 사람 오직 한 사람뿐,

톱밥 난로 위 주전자에서
김이 모락모락 올라오는 모습을 그려본다.

달꽃

성북골에 달꽃이 곱게 피어올랐습니다
둥글게 둥글게 꽃무리도 피었습니다
사랑하는 이여
이 꽃 같이 보셔요

내가 늘 마주하며 사랑하는 호수,
방동호에도 내려와
나를 부릅니다

색색의 조명,
고운 선율 타고 치솟아
춤추는 물보라

윤슬 살랑이는 호숫가에서
사랑하는 이와
달꽃 바라보며 취하도록 마시고

이태백처럼
달 건지려 자박자박 들어갑니다
〉

하늘에도 호수에도
내 마음에도
달꽃이 환하게 피었습니다.

구경정(九庚亭)에 오르니

세찬바람
온몸으로 맞으며 걷고 또 걸어
붉은 바위 병풍처럼 둘러쳐진

강 언덕 구경정에 오르니
비단강 물결 살랑이며 흐르고
멧비둘기 바람 따라 날아가네

뜸봉샘에서 솟는 물,
그 물길 따라 흐르고 흘러 예까지 왔구나

다근이 나루, 나룻배 끊긴 지 오래이고
이름만 남아있네
강 건너 동네 지척이건만
뱃길 끊기니 멀기만 하고
선비들의 풍류소리 들리는 듯하네.

넷째 마당

한탄강, 그래도 강은 흐른다

태극기 가슴에 안아

마당에 건 태극기, 태풍에 찢어질라
열아홉 척 게양대, 억압에 부러질라

나라가 어지럽고 힘들어 하듯
태극기 게양대가 힘들어 한다

비에 흠뻑 젖은 대한민국을 내려
가슴에 안았다

추워서 더욱 따스하게
전해지는 온기

온몸에 맥동하는
선조들의 의기여

태풍이 멈추면 다시 푸른 하늘에 달아
세계를 향해 펄럭이게 하리라

억만 년 후손들의 가슴에
용틀임하게 하리라.

내 마음의 영웅에게

5.16 혁명 60주년이 되는 오늘,
당신을 그리며 용서를 빕니다
오로지 국가와 국민을 위하여
부국강병을 일구신 당신

당신의 탁월한 경제개발 정책으로
한강의 기적을 낳았으며
원조를 받던 나라에서
원조를 하는 나라로 우뚝 섰습니다

게으르고 못나서,
철없는 사람들과 북쪽만 바라보는 사람들이
당신 업적 지우는 것을 막지 못했습니다
용서하소서

나라가 잘못돼 가고 있습니다
안보는 미국이 지켜주고
경제는 당신의 부국 정책이 기반이 돼
등 따습고 배부르니
자유민주주의의 소중함을 모르고
즐기고 누리기만 한 업보입니다

〉
5.16혁명, 60주년인 오늘
기념행사도 못하고 있습니다
국가기념일 지정도 안 돼 있습니다

용서하소서

비 내리는 오늘 당신이 더욱 그립습니다.

기도

[새해 1월에는] 중공군의 개입으로 인한 1.4후퇴 시 희생된 국군과 유엔군 그리고 민간인을 추모하게 하시고 무장 게릴라 청와대 기습공격 사건(1.21)을 기억하게 하소서!

[새해 2월에는] 한미원자력협정 체결(2.3)로 한미동맹이 굳건해 졌음을 기억하게 하시고 지평리 전투 승전기념일(2.15)을 기억하게 하소서!

[새해 3월에는] 불법사기탄핵(3.10)으로 옥고를 치르셨던 박근혜 대통령과 탄핵무효, 탄핵기각을 외치다 순국하신 4인의 열사, 천안함 폭침사건(3.26)으로 전사한 46용사와 구조 활동을 벌이다 순직한 한주호 준위를 기억하게 하소서!

[새해 4월에는] 남로당이 벌인 제주 4.3. 무장폭동으로 학살된 경찰과 양민의 넋을 위하여 기도하게 하시고 왜곡된 역사를 바로 알게 하소서!

[새해 5월에는] 구국의 결단으로 박정희 장군이 일으킨 5.16 군사혁명을 기억하시고 국가기념일로 제정하게 하소서!

[새해 6월에는] 북괴의 불법 남침 전쟁으로 전사한 국군과 유엔군, 제2연평해전(6.29)으로 전사한 여섯 명의 국군을 추모케 하시고 이승만대통령의 결단으로 내려진 반공포로 석방일(6.18)을 기억하게 하소서!

[새해 7월에는] 건국을 위한 제헌절과 이승만 건국대통령 취임일(7.24)과 6.25 남침전쟁 정전협정일(7.27)을 기억하게 하소서!

[새해 8월에는] 한미상호방위조약(8.8)과 광복절을 기억하게 하시고, 8.15 건국절 제정이 이루어지게 하소서!

[새해 9월에는] 인천상륙작전 전승기념일(9.15)과 낙동강 방어선 전승기념일(9.24), 서울수복 기념일(9.28)을 기억하게 하소서!

[새해 10월에는] 국군의 날을 정부행사로 성대하게 하옵시고 북괴의 아웅산 묘역 테러사건(10.9)으로 순국한 이들을 추모케 하소서! 백마고지전투 승전기념일(10.16)을 기억하게 하소서!

[새해 11월에는] 신의주 학생 반공의거 사건(11.23)을 기억하게 하시고 연평도 포격사건(11.23)으로 숨진 군인과 민간의 4명을 추모하게 하소서!

[새해 12월에는] 장진호 전투 승전기념일(12.11)을 기억하시고 흥남철수작전 기념일(12.25)을 기억하시며 이를 성공적으로 수행한 미군들의 고마움을 알게 하소서!.

우한 폐렴인지 코로난지

아버지를
아버지라 부르지 못하는 사람이
역사 속에 있더니

우한 폐렴을 우한 폐렴이라
부르지 못하는
사람이 몇 해 전에 있었지

속국을 자청한 그 사람
큰 산 어르신 심기 살펴
코로나라 부르니

나팔수들 따라 하며
공포 분위기 조성하고
온 세상 사람, 엎드려 숨죽이네.

감사하는 마음으로

세계 최빈국 대한민국
원조 없이는 살 수 없던 나라
보릿고개에는 미국에서 들여오는
강냉이 가루, 밀가루를 지팡이 삼아 넘고

미군부대에서 나오는 옷가지에
검정물 들여 입고 살던 나라

국제사회 원조가
경제개발 종잣돈 되어
이승만이 깔아 놓은 레일 위를
박정희라는 기차가 힘차게 달렸다

한강의 기적을 낳았다
원조를 하는 나라로 우뚝 섰다

세계경제 10위권,
과학기술혁신 역량지수 5위

이 얼마나 자랑스러운가
산천은 또 얼마나 아름다운가

〉
국가인프라는 어느 나라에도 뒤지지 않아

하루하루를 감사하는 마음으로 산다
나라에 감사하고 이 나라 국민임이 자랑스럽다

아! 대한민국이여!

발자취를 따라서

오늘 당신을 만나러 갑니다
그 발자취를 따라 당신의 정신을,
당신의 향기를 느끼려 합니다

당신에게 용서를 빕니다
당신이 아니었으면
자유대한민국이 있었겠습니까?
당신이 아니었으면
세계경제 10위권의 나라가 됐겠습니까?

용서하소서
우리가 게으르고 못나서,
철없는 사람들이
당신의 업적을 지우고
독재자로 폄훼하는 것을 막지 못했습니다

이승만 정신과 업적을 선양하는
일을 제대로 못하고 있습니다.

당신의 선지적인 교육 정책이 녹아있는 책,
'이승만 건국대통령의 교육 입국론'

독서를 마치는 날
우리 모두 감동의 눈물을 흘렸습니다

바라건대
저희에게 지혜와 용기를 주시어
당신의 정신을 계승하고 발전시키는 일에
주저함 없이 나서게 하소서.

물난리 중에 드리는 기도

모처럼 파란 하늘을 보여주시네요
그림을 그리고 있는 흰 구름이 보입니다

이게 얼마 만입니까?
금수봉, 빈계산, 백운봉을 보여주시고
멀리 서대산 능선도 보여주십니다

장마가 온 산하를 할퀴고 있습니다
많은 이가 세상을 떠났습니다
사람들이 터전을 잃고 절망하고 있습니다
들녘이 물에 잠겼습니다
농사를 망친 농부들 실의에 빠졌습니다

오! 하느님!
이 와중에 철없는 사람들,
제의를 입은 채 엉뚱한 일을 벌이고 있습니다
이들을 그냥 두고 보시렵니까?
잘못을 깨우치고 본연의 자리로 돌아올 수 있게
회초리로 내리치소서!
〉

하느님!
물난리로 세상을 떠난 사람들의 영혼을
위로하시고 품어주소서

절망에 빠진 이들을 일으켜 주소서
밝은 햇살, 맑은 바람, 아름다운 산하를 볼 수 있게 하소서.

한탄강, 그래도 강은 흐른다

본래에는 큰 여울이라 해서
한탄강이라 했다
분단현실이 한스러워
탄식하는 소리가 배이고 배어
한탄강이 되었는가

분단 75년, 예나 지금이나 한탄강 그대로다
강은 그 강이고 물은 그 물 그대로인데
누가 선을 그었는가
누가 울타리를 쳤는가

선과 울타리 아랑곳하지 않고
강이 이어지고 물은 흐른다
누구도 막지 못한다
아니 막을 수가 없다

물은 흐르고 흘러 임진강을 만나고
두 팔 벌리고 맞이하는 서쪽 바다에 안긴다
어느 세월에 보이지 않는 선을 지우고
울타리를 걷어낼까
〉

자유통일이라는 지우개로 지우리라!
자유통일이라는 장비로 말끔하게
걷어 내리라!

함성 지르며 울부짖는 태극기

늦은 밤 동지에게서 전화가 걸려왔다
기쁜 일이 있다고 어서 TV를 켜란다
계엄령 선포 담화문이 흘러나온다
너무 기뻐 나도 모르게 박수를 치며 화면에 눈을 꽂는다
이 기쁜 날, 어찌 술 한잔하지 않으랴

담화 내용, 늦은 감은 있지만 상황 인식은 제대로 하고 있어 반갑다
시간이 갈수록 성공할지 걱정이 된다
삼일천하도 아니고 세 시간 정도로 끝난단 말인가
이제부터는 울분에 술이다

내란 수괴라는 덫을 씌우고 난리다
세상천지에 대통령이 내란을?
어이없어 헛웃음이 나온다
있지도 않은, 가당치도 않은 혐의를 씌워 구속했다
유혈사태를 막으려는 愛民의 발걸음으로 자진해서 나갔다

전국에서 분노한 국민들이 일어나 광화문 이승만 광장, 한남동 일대, 마포대로,
서울구치소 앞을 덮었다

태극기가 서울을 덮으며 함성 지르고 울부짖는다
눈보라가 치는 날, 온몸에 비닐을 휘감고 밤샘 기도를 한다

헬 조선을 외치던 20대 30대 젊은이들이 탄핵반대 대통령 석방
자유대한민국을 지키자 외치며 들고일어났다
구속된 대통령이 국민들을 일깨웠다
계엄령(戒嚴令)이 계몽령(啓蒙令)이 됐다

트 형!
패권전쟁에서 지고 싶지 않거든 어서 이 사태를 해결하시오!
이 나라가 자유민주정체성을 회복하고
번영된 나라를 온전하게 후손들에게 물려줄 수 있게 도우시오!!

십이 삼 항쟁의 불길

구름처럼 일어나라
들불처럼 번져가라
불순한 세력이 점령한 이 나라
침묵과 굴종을 깨부수는 함성이 울린다

자유의 깃발이 솟아오르니
누가 감히 꺾을 수 있으랴
두려움 없는 자, 그 앞에 서고
깨어난 자, 주저 없이 나아가라

이 땅을 삼키려는 어둠의 세력
거짓 평화, 가짜 정의,
그들의 속삭임에 더는 속지 않으리
친중의 사슬을 끊고, 종북의 독을 씻어내리라

대통령은 국민을 위해
자유민주주의를 지키기 위해
스스로 나아갔다
애민의 눈물겨운 발걸음이었다

우리는 용서하지 않는다

이 항쟁 멈추지 않는다
전국 곳곳에서
분노의 불길이 타오르고 있다

계엄령이 계몽령이 되어
진실의 빛을 비추리라
이 나라의 주인이 깨어나
들고 일어났다

어둠의 세력들아, 여의도를 점령한 자들아
군사안보, 에너지 안보
그 예산을 칼질했음을 안다
스물아홉 번의 광란, 탄핵의 칼춤을 추었구나

너희가 누렸던 거짓된 권력
그 끝이 이제 다가온다
심판의 날이 밝아오리니
역사의 법정이 너희를 부른다

십이 삼 항쟁이여! 승리하라!
자유의 햇불이여! 영원하라!

대통령이 돌아오는 날
이 땅에 혁명의 깃발이 세워지리니

이 땅 위에 자유를!
이 나라에 정의를!
그날이 올 때까지
우리는 멈추지 않으리라!

그래도 꽃은 피네

나라는 어지러운데
그래도 꽃들은 피어나고
집이 무너지고 담이 허물어져도
고속도로, 차량으로 넘쳐나네

기쁨과 환희의 술잔이,
울분의 술잔이 되어 떨고 있구나
국민이 뽑은 대통령을
판관이 파면하는 이상한 나라,

이 나라 자유민주주의
이리도 어렵단 말인가
팔년 전, 그 날의 악몽이
다시금 그림자처럼 덮쳐온다

어둠의 세력이 지배한 이 나라
광명을 향한 몸부림은 눈물겹고 처절하건만
그날은 언제나 오려나.

온 나라를 덮다

이 나라 최고의 판관들아
들리는가, 이 울부짖는 소리가
보이는가, 이 거센 물결이

온 나라에 퍼진 성난 태극기의 파도, 도시마다 피어난 함성의 꽃
  탄핵 반대를 외치는 목소리가 여의도를 넘어 광화문 일대를 덮고
  대학로에서 광화문까지 길 위에 흐른다

청춘의 외침은 하늘을 찌르고
태극기 물결은 바다처럼 넘실거린다
절박한 외침, 뜨거운 함성
중고생들도 일어나 불의에 맞선다

왼쪽으로 기운 목소리로 학생들을 가르치는
교사들을 고발하는 그 용기,
그동안 얼마나 참고 참았을까

어리게만 보아온 중고생들,
대학생들의 역사 인식이 제대로 되어있고

이를 용기있게 토해내는
그 모습을 지켜보며 감동과 고마움에 눈물을 주체할 수 없구나

이들의 외침이! 이들의 절규가!
왼쪽에 서 있는 철없는 어른들을 부끄럽게 하리니

이 나라 최고의 판관들아
이 외침을 외면하고 판결을 내렸을 때
국민들의 거센 저항을 감당할 수 있겠는가
역사의 심판이 기다리고 있다.

바다의 별이 되어

바람마저 차가운 바다
밤바람이 바다 물결 쓸고 지나갈 때
초계임무 수행 중인 천안함,
북괴의 기습공격으로 가라앉았다

사십육 인의 꽃다운 젊음들
살아서 귀환하라!
살아서 귀환하라!
국민들의 애타는 명령에도 끝내 서해의 별이 되었다

물속에 갇힌 젊음들을 구하러 바닷 속으로 뛰어든
한주호 준위,
차마 이들을 두고 그냥 나올 수 없어
그대로 서해의 수호신이 되었다

이 젊음들!
이들의 영혼은 바다의 별이 되어 조국을 지키고
육신은 대전 현충원에서 나라의 지킴이 되었구나

우리들의 가슴에 돌덩이 하나씩 얹어놓은
이 젊은 영혼들이여!

갈매기 목소리로 와서
언제나 서해바다를 지키고 있구나.

※ 2025년 3월 26일, 천안함 폭침사건 15주기에…

빈칸

달력을 보니
오만가지 날들이 흐르고 있는데
오월의 한 칸,
십육일은 어찌 이렇게 비어 있을까

해마다 이 빈칸이 서러워 조용히 글씨를 새기네
[5.16혁명기념일],
태극기 게양하고 홀로 기념하는 날

그 다음 다음 날
굵은 글씨로 기념일 적혀있고
요란한 행사들이 벌어지네
정객들, 우르르 몰려가 눈치 보며 조아리네

언제쯤이 될까
달력에 당당히 [5.16 혁명기념일]이 새겨지고
그날이 오면 온 국민과 정객이 함께 모여
축제의 노래로 기념하며

당신이 있었기에 우리가 할 수 있었다
희망의 씨앗을 심으며

배고픔의 그림자를 걷어내고
한강의 기적을 노래하며 이렇게 풍요롭게 잘 살고 있다고,

당신은 불세출의 영웅이라
기리어 길이 기억하리라 맹세하는 그날이….

그때 그리고 지금

그때는,
무력의 그림자가 드리운 시기였다

자유대한민국을 적화하려는 칼날이
낙동강까지 휘둘러졌고
속수무책, 절체절명의 위기 속에 있었다

조국의 산하에서 젊은 피와 눈물이 꽃이 되어 피어났고
하늘이 보우하사 그 위기를 넘기게 하셨다
북진통일을 꿈꾸던 우남雩南, 그 소망은 연기처럼 사라지고,
바람에 흩어졌다

지금은,
스스로 붉게 물들어가고 있으니
더 이상 무력의 칼날이 필요 없는 세상,
우리가 만들어가는 길이 되었다

전범戰犯의 흔적을 지우고 싶어선가
언제부턴가 한국전쟁이라 부르며
남의 이야기처럼 흘려보내는 우리
〉

북쪽의 수괴는 대를 이은 공작이 잘되고 있다고
휘파람을 불며 축배를 들지 않을까

이제 시간은 흐르고
역사의 그림자는 언제쯤 사라지려나
진실의 빛이 다시 비추기를 간절히 소망한다.

조광연 1시집 해설 2025

자연에서 배우고 역사에서 되새기다
- 조광연 시인의 1시집을 감상하고

문학평론가 리 헌 석
사단법인 문학사랑협의회 이사장

1.
　조광연 시인은 연하고질(煙霞痼疾)의 천성을 타고난 사람처럼, 자연의 아름다운 경치를 즐기고, 그에 포함된 문화유산까지 사랑하는 사람이다. 즐기고 사랑하는 상태에 머무는 것이 아니라, 시와 수필에 담아내어 새로운 문화를 생성하는 주체 역할을 하고 있다. 그의 첫 시집『전원에서 가을을 캐다』에 수록된 작품의 대부분이 이에 해당되고, 그 다음 경향이 역사와 사회 현실에 대한 작품이다. 이 정도라면 그의 자연 사랑은 천석고황(泉石膏肓)의 경지에 이르렀다 해도 지나치지 않을 것 같다.

　콧노래 흥얼거리다
　문득 멈춰 서서 바라보면

〉
강물은 단풍을 배어
온통 타오르고

나도 강물에 풍덩 빠지면
사랑으로 붉게 불붙을거나.
  - 「단풍에 취해 강에 빠지다」 일부

 시인은 어느 해 가을, 강원도에 위치한 소양강을 찾는다. 강물은 도도히 흐르는데 그 강물에 파란 하늘과 조개구름이 가을을 내려다본다. 시인은 하늘과 강변의 단풍이 아름답게 반사되어 이루는 절경에 잠시 머문다. 풍광(風光)에 취한 마음으로 바라보는 소양강, 〈새들은 가을이 좋아 노래하고/ 강둑엔 풀꽃들이 손을 흔든다〉며 서경과 정서가 물아일체(物我一體)를 이룬다. 그리하여 〈나도 강물에 풍덩 빠지면/ 사랑으로 붉게 불붙을거나〉라고 노래한다. 이러한 경지는 당나라의 이백 시인이 물속의 달을 건지러 호수에 뛰어들었다는 고사(故事)를 연상하게 한다.

얼마나 사랑했으면
얼마나
가까이 다가가고 싶었으면

하늘을 향하지 않고
호수를 향했을까

호수에 닿을 듯, 닿을 듯
얼굴을 마주했을까

호수도 소나무를 사랑해서
소나무가 뿜어내는 솔향을
품어주나 보다

의림지 노송,
호수에 달빛 어른거리면 달빛 바라보고
산그림자 비치면 산그림자 바라보며
긴 세월 사랑하네.
　　　-「의림지 노송」전문

시인의 발걸음은 충청북도 제천시에 있는 의림지(義林池)에 이른다. 이곳은 '장자못 전설'과 함께 농업용수와 관련하여 역사적 의미를 간직한 곳이기도 하다. 그렇지만 시인의 눈과 의식은 역사적 사실에 머물지 않고, 의림지 호반에서 물쪽으로 굽은 노송(老松)에 집중된다.

<(노송이 의림지를) 얼마나 사랑했으면/ 얼마나/ (의림지에게) 가까이 다가가고 싶었으면>에서 가설(假說)의 그리움을 노래하고 있다. 나무는 대부분 햇빛을 조금이라도 더 받기 위하여 하늘 쪽으로 자라게 마련인데, 의림지의 노송은 수면에 닿을 듯, 말 듯 호수를 향하고 있다. 과학적 사실은 이 노송이 성장할 때 여러 나무와의 햇빛 경쟁에서 벗어나 너른 호수쪽으로 자랄 수밖에 없었을 터이지만, 그리움의 정서로

바라보는 시인의 눈에는 노송과 호수가 서로 사랑하고 그리워하는 것으로 인식되었을 터이다. 보이는 대로, 상상되는 대로, 또한 정서에 의하여 빚어진 시는 독자들과 서정적 감동을 공유하게 마련이다.

2.

조광연 시인은 자연의 아름다움과 역사의 현장이 어우러진 충남 부여에서 태어나고 성장하여 공무원으로 봉직하였다. 공직에서 정년퇴임한 후 대전광역시 유성구 성북골에 정착하여 농사를 짓는다. 텃밭 농사를 짓는 수준으로 보이지만, 농사에 마음과 시간을 바쳐 열중한다. 농사를 짓는 사람에게는 농사 본래의 일과 부수적 일들로 희로애락(喜怒哀樂)이 생성되게 마련인데, 이러한 정서가 시와 수필 작품에 반영된다.

　　살냄새 맡으며
　　하모니카를 부니

　　지난여름의
　　햇살과 바람과 빗소리가
　　함께 소리를 낸다
　　　　　－「옥수수」일부

봄에 옥수수의 씨를 뿌리거나 모종을 옮겨 심어 가꾸면 사람의 키보다 높이 자란다. 중간쯤에 옥수수가 들어앉는다.

어린이들은 이를 보면서 '옥수수가 아기를 업어 기른다'고 표현하기도 한다. 옥수수 수염이 갈색으로 변하면 그 알갱이가 영글었다는 표징이다. 옥수숫대에서 영글은 옥수수를 떼어내는데, 여기까지를 생략한 과정에서 이 작품은 시작된다.

<한 꺼풀 한 꺼풀/ 옷을 벗기니/ 알록달록한 알몸>이 나온다. 여기에서 '옷'은 옥수수를 둘러싸고 있는 껍질이다. 이 껍질을 하나씩 벗겨 내면 옥수수 알 사이사이에서 자란 수염이 나온다. 그 수염까지 떼어내면 알알이 영근 옥수수가 나타나는데, 그 옥수수 모양을 어린이들은 '옥수수 하모니카'라고 표현하는데, 조광연 시인도 이를 차용하고 있다.

'하모니카를 분다'는 표현은 옥수수 알갱이를 시인의 이로 빼어먹는 모습이다. 사실은 하모니카 소리가 들릴 리 없지만, 시인의 상상력은 옥수수 하모니카에서 햇살, 바람, 빗소리까지 찾아내는데, 옥수수가 자랄 때의 환경을 연상한 듯하다.

하늘마
마디마디
멋스런 나비넥타이 하나씩 달고

여주꽃 노랗게 핀 자리
오돌토돌 열매 맺어,

그 사이에서 나팔꽃
환하게 웃네

〉
어디까지 오르려나
줄 타고 사이좋게 올라가는
여주 그리고 하늘마

다투지 않고 제 할 일 해가며
함께 살아가는
그 모습 아름다워.
　　－「함께 살아가기」 전문

　시인은 덩굴식물이 오를 수 있는 그물망이나 오름줄을 설치한 후 '하늘마'와 '여주'를 가꾼다. 이들이 줄을 따라 오르면, 노란 여주꽃이 곱게 피고, 나비 넥타이를 연상하게 하는 '하늘마' 열매가 매달린다. 이때 시인이 심었을까, 혹은 자연적으로 돋아났을까, 나팔꽃도 함께 올라 환하게 웃는다.
　이러한 바탕에 4연의 〈줄 타고 사이좋게 올라가는/ 여주 그리고 하늘마〉가 소재로 나타나는데, 화평을 추구하는 시인의 내면을 만나게 된다. 이러한 내면은 5연의 〈다투지 않고 제 할 일 해가며/ 함께 살아가는/ 그 모습 아름다워〉의 시심(詩心)으로 승화된다. 이런 내면이 역사를 비롯하여, 사회현상에서의 화평과 바른 의식으로 전이되어 나타나기도 한다.

3.
　조광연 시인은 공무원으로 봉직하면서 옳고 그름에 대한

명확한 의식이 함양된 듯하다. 농사를 지으면서 거짓 없는 농작물에서 그의 의식은 더욱 확고해진 듯하다. 그의 주장에 의하면, 옳은 것은 옳고, 그른 것은 그르다고 구분해야 한다. 우리는 대한민국 사람이니 대한민국의 표상인 국기를 사랑해야 함을 역설한다. 대한민국의 건국 대통령을 기려야 하고, 나라의 경제적 발전 기초를 세운 분에게도 존경을 표현해야 함을 주장한다. 이러한 의식이 드러난 작품이 시집 넷째 마당의 중심을 이루고 있다.

비에 흠뻑 젖은 대한민국을 내려
가슴에 안았다

추워서 더욱 따스하게
전해지는 온기

온몸에 맥동하는
선조들의 의기여
　　　-「태극기 가슴에 안아」일부

그는 국기 게양대를 높이 세우고 태극기를 게양한다. 태풍이 부는 날은 열아홉 척 게양대가 부러질라 걱정이다. 태극기 또한 태풍에 찢어질라 걱정이다. 〈나라가 어지럽고 힘들어 하듯/ 태극기 게양대가 힘들어한다〉면서 시끄러운 사회 현실을 비유적으로 걱정하고 있다. 〈비에 흠뻑 젖은 대한민국〉은 '태극기'인 바, 역(逆) 대유법(代喩法)이자 상징

법(象徵法)이며, 그를 가슴에 안았다는 것은 사랑한다는 내면의 반향이다. 태풍이 멈추면 다시 태극기를 게양하여, 푸른 하늘에 펄럭이게 하겠다는 의지를 보인다. 〈억만 년 후 손들의 가슴에/ 용틀임하게 하리라〉 다짐하는 시심을 담아내고 있다.

> 아버지를
> 아버지라 부르지 못하는 사람이
> 역사 속에 있더니
>
> 우한 폐렴을 우한 폐렴이라
> 부르지 못하는
> 사람이 몇 해 전에 있었지
>
> 속국을 자청한 그 사람
> 큰 산 어르신 심기 살펴
> 코로나라 부르니
>
> 나팔수들 따라 하며
> 공포 분위기 조성하고
> 온 세상 사람, 엎드려 숨죽이네.
> 　　－「우한 폐렴인지 코로나인지」 전문

태극기를 게양하며, 겨레의 자존심을 앙양하는 시인, 그의 자존심을 구기는 일이 발생한다. 중국의 우한에서 발생한 것으로 알려져, 그 지명을 따라 '우한 폐렴'이라 부르던 전염병인데, 중국의 눈치를 살피느라 갑작스레 '코로나'로 명칭을 바꾼 일이다. 우리에게는 '홍콩독감'을 비롯하여 지명을 따라 붙인 질병을 많이 접해 왔기 때문에, '우한 폐렴'이라 부르지 못하는 것에 자존심이 상한 것 또한 사실이다.

조선시대에 서얼(庶孼)들은 〈아버지를/ 아버지라 부르지 못하는 사람〉들이었다고 역사에 기록되어 있다. 그와 같이 〈우한 폐렴을 우한 폐렴이라/ 부르지 못하는〉 상황을 풍유하고 있다. 그 책임자는 〈(중국의) 속국을 자청한 그 사람〉이며, 큰 산 어르신(중국의 지배적 정치가)의 심기를 미리 알아서 살펴 '코로나'라고 하였으니, 겨레의 자존심이 상한다는 의미를 되살려낸 작품이다.

4.

조광연 시인은 역사를 바로보는 시각을 강조한다. 겨레와 나라를 위한 훌륭한 업적에 대하여, 편벽된 사상에 의해 부정하고 비난하는 것은 온당치 못하므로 사과해야 한다고 적시하고 있다. 설령 약간의 흠결이 있어도 겨레와 나라를 위한 업적이 크면 존중해야 함을 밝히고 있다. 잘못 판단한 일을 사과하지 않고 거짓으로 깔아뭉개거나 변명으로 일관하는 정치가와 그들을 맹종하는 양상을 직시하면서 가슴 아파하고 있다. 그리하여 시인은 잘못 평가한 사람들을 대신하여, 스스로 용서를 구하고 있다. 용서를 구하는 마음으로 바른길을 찾아야 함을 시적으로 비유하고 있다.

당신에게 용서를 빕니다
당신이 아니었으면
자유대한민국이 있었겠습니까?
당신이 아니었으면
세계경제 10위권의 나라가 됐겠습니까?
　　－「발자취를 따라서」 일부

이 작품은 이승만 건국 대통령에게 용서를 비는 작품이다. 일제시대 내내 미국에서 독립운동을 한 분, 독립이 된 후 북한 공산정권과 대응하여 자유민주국가를 지킨 분, 대한민국의 발전을 위한 『이승만 건국 대통령의 교육 입국론』에 시인은 감동의 눈물을 흘린다. 생각하면 생각할수록 대한민국 건국 대통령이 위대한 인물임을 재인식하고 있다. 이러한 인식은 국토의 특정 부분에 대한 남다른 사랑으로 승화되기도 한다.

본래에는 큰 여울이라 해서
한탄강이라 했다
분단현실이 한스러워
탄식하는 소리가 배이고 배어
한탄강이 되었는가

분단 75년, 예나 지금이나 한탄강 그대로다
강은 그 강이고 물은 그 물 그대로인데
누가 선을 그었는가

누가 울타리를 쳤는가

선과 울타리 아랑곳하지 않고
강이 이어지고 물은 흐른다
누구도 막지 못한다
아니 막을 수가 없다

물은 흐르고 흘러 임진강을 만나고
두 팔 벌리고 맞이하는 서쪽 바다에 안긴다
어느 세월에 보이지 않는 선을 지우고
울타리를 걷어낼까

자유통일이라는 지우개로 지우리라!
자유통일이라는 장비로
말끔하게 걷어 내리라!
　　-「한탄강, 그래도 강은 흐른다」 전문

　조광연 시인은 임진강 지류인 한탄강을 답사하면서 겨레의 통일을 염원한다. 〈분단현실이 한스러워〉 한탄강이 되었는가 가설을 세우기도 한다. 〈분단 75년, 예나 지금이나 한탄강 그대로〉여서 한스럽다고 한다. 〈누가 선(휴전선)을 그었는가/ 누가 울타리를 쳤는가〉 외침은 그 주체를 몰라서가 아니라, 한스러움의 정서에 몰입되어 지르는 함성이다.
　선을 긋고, 울타리를 쳐도 강은 이어지고 강물은 흐른다. 어느 누구도 막을 수 없다. 한탄강 물은 흘러 임진강에 이르고,

이 강물이 흘러 서쪽 바다에 이른다. 이런 현실에서 시인은 선과 울타리를 〈자유통일이라는 지우개로 지우리라!〉〈자유통일이라는 장비로 말끔하게 걷어 내리라!〉다짐한다.

  이러한 다짐이 '우리 겨레 모두의 바람이 될 때, 우리 겨레는 하나가 되어 행복한 세상을 이루리라.' 뜨겁게 기원하는 조광연 시인의 시심에 박수를 보내며, 첫 시집에 수록된 작품 감상의 여로를 접는다.

전원에서 가을을 캐다
조광연 시집

발 행 일 | 2025년 9월 15일
지 은 이 | 조광연
발 행 인 | 李憲錫
발 행 처 | 오늘의문학사
출판등록 | 제55호(1993년 6월 23일)
주   소 | 대전광역시 동구 대전로 867번길 52(삼성동 한밭오피스텔 401호)
전화번호 | (042)624-2980
팩시밀리 | (042)628-2983
카   페 | http://cafe.daum.net/gljang(문학사랑 글짱들)
인터넷신문 | www.k-artnews.kr(한국예술뉴스)
전자우편 | hs2980@daum.net
계좌번호 | 농협 405-02-100848(이헌석 오늘의문학사)

공 급 처 | 한국출판협동조합
주문전화 | (02)716-5616
팩시밀리 | (02)716-2999

ISBN 979-11-6493-400-3
값 12,000원

ⓒ조광연 2025

* 이 책의 판권은 저작권자와 오늘의문학사에 있습니다.
* 이 책은 E-Book(전자책)으로 제작되어 ㈜교보문고에서 판매합니다.
* 잘못 만들어진 책은 구입하신 서점에서 교환해 드립니다.